Cincuenta poemas
Y una sola filosofía

Biblioteca del congreso

Adrian Rodriguez

Cincuenta poemas y una sola filosofia   I   Titulo

ISBN 978-0-6151-5392-6

Baja pronto mi Cristo

Se me ha crecido la paciencia

De tanto esperar

Por todo lo que temo en el silencio

Por lo que debió llegar

Y esta perdido entre los siglos

Del que prometió la eternidad

Al que no debieron crucificar

Por sus bondades

Por nacer elegido

Y todavía hoy se sufre

Con su ausencia

Oh Cristo si no bajas pronto

Se me olvidan tus creencias

Si acaso cuando Yo vaya

Tú regresas

Mi paciencia

Se hizo eterna

De tanto esperar

Adrian   05/2007

Biografía de un sueno

Si ella es abrazo tierno en cada despertar,

Con sonrisa alegre que no supiera ocultar

De mimos constantes que me hacen amar

En días tristes solo ella me sabe animar

Si por solo pasión se entregara,

al amor dejo atrás

Me colma de besos sinceros tan dulces

que no quisiera imitar en otros cuerpos

Con velo de diosa en cualquier tiempo

te la puedes encontrar

Su destino es amar sin reparar reciprocidad

Y con sublime manera de ser se hace adorar

A veces creo en sueno divino

De Venus que bajan del cielo;
y por mujer se hacen pasar

Si algún día tocan el suelo,

Yo necesito despertar

Camino de ser

Es mi camino vagar como el tiempo pasar donde este

Es mi saber comprobar lo que se

De manera real

Desde que empecé

Imaginar con mis propios sentidos

Universo infinito de ser

Materia y energía a la vez

En un mundo lleno de amor natural

En crear ideal que mueve organismos

En espacio compartido entre humanos con fe

Es subconsciencia lograr el sentido de ser

Por mis propios caminos al andar al mismo tiempo que ser

Carita tu no estas aqui

Hace una mañana fresca y

 Carita tu no estas aquí

A 90 te quedaste

yo me fui

Tus recuerdos pueden

que se evaporen

Y tu materia se transforme o mute,

Tu voz se haga silencio

Tu mirada ya no fijes,

Y tu respiración no se agite

Solo las vivencias reales

clavadas en mi recuerdo

Es toda la imaginación

 que me quedo de ti

Carita yo no estoy ahí

Carta de CONFESION

Yo le di alas y ella quiso jugar a la libertad yo me perdi el intento de tratar de amar En esta union desecha que se llama soledad Si ella supiera cuan dura es esta verdad pero de convicion yo vivo que no es malo querer intentar Que su suerte es lo que voy a rezar mas de querer le regalo toda felicidad a pesar que me separa de lo unico que tengo que vale en verdad , mi pequeno amor y de recurdos que no se pueden olvidar Por capricho del amor que discrimina y no toca todos corazones de convivencia enfermisa que de naturaleza me toco compartir que de perdon no cuenta si no me supo jusgar De su dicha dependiera mi gloria por todo lo que tube tiempo de ensenar En sola nostalgia sentida que espero no pase de mas yo nesesito fundar amor que depare la vida pues soledad no es familia de la felicidad ,para ella deseo lo igual con diez anos menos a su favor que tambien le toque el amor que no conocio y la ternura que yo no supe dar por sencibilidad escondida que mi instinto no pudo aflorar perdon,perdon por no amarte ni dejarte amar me Hoy estube abierto a reconsiderar pero tu intendimiento no sentia de mas y yo dispuesto a intentar conquistar tus sentimientos por salvar lo que valga la pena y el tiempo no puede eliminar por no romper un nucleo que cuenta en sociedad ,tu cuerpo que siempre he sabido admirar y todos los lazos que nos pudieran atar Que alquien a nosotros tres nos bendigue si dios no quiere ayudar

Adrian

Conceptos

En confines del universo

Tan solo se esconde el tiempo

Y ni tan si quiera el pensamiento

Logra evadir su encuentro

Somos parte del todo

Sostenido por la nada

Un elemento de la naturaleza

Perteneciente al cosmo

Que nos debemos unos a los todos

Sin tener que esperar por dioses

Que nos hagan rendir a la bondad

De la armonía en comunión

Adrian   04/2007

Cuando tu tiempo expiro

Cuando tu tiempo expiro

Es en un amanecer,

donde vas a reconocer

De la vida en reflejo

Lo bella que pareció

Que en los espacios ocupados

Tu mente el instinto de ser siguió

Los transcursos que lograste

De lo vivido es lo que marcaste

Si observaste lo que la naturaleza creo

O si el alba te parecía rutina

Mientras el ocaso opacaba tu vida

♏ □□♏♦♋ ♋ □□♏♦♋

Retener la mitad del dolor

No te hace tan sufrida

Si lo compensa la otra mitad de la alegría

Pretender que te quieran como obra de arte

No significa que te amen

Las guerrillas no son individuales

Pretenderlas es querer que te amen a la fuerza

Si mirándote a los ojos

Te dijeran

No quien eres

Sino lo que puedes ser

No necesitarías estar en sueños

Para calmarte tú sed tendida

sin sed, callada

No serias fantasma de tus días

Entonces el mundo te seguiría

Rogándote que creyeras en el

Adrian   05/13/2007

De que vive el amor

Cual es la silueta que despeja el espacio

Del eterno abismo universal

Donde se esconde el último arco del sol

Aquel sentimiento oculto
El que se le escapo el amor

De que aire se abastece un suspiro

Cuando nos late el dolor

No es a la primavera que le falta la flor

Si no al jardín que le falto el regador

Que es vivir sin la lluvia

Que nos riega el alma, para dar en amor

Adrian   05/2007

Define tu pasión

Define tu pasión

No dejes que tu sed acabe la fuente

Confiesa tu ley

Cumple con tu instinto

Solo reza amor, sin comparaciones

Y encuentra la razón

De el dulce de un encanto

Entonces has valer tu pena

Adrian   05/2007

Despertar de conciencia

Con una historia de más en único pensar

Repito lo que logro

Imaginar delirios de ideales sin azar

Que lleguen a ya

Donde se puedan salvar,

de lo opulento

De ilimitada avaricia por acariciar

De lo inmenso de amar

Que también me salve yo;

De constante verbo,

De ilógico pensar

Y que en abierta apariencia

El mundo haga justicia

de lo que pude lograr

De lo que merece el mundo

De lo que di universal

El instante que pude hacer sentir

Se nos perdió el instante

Que no regreso

Que lo imagine

Que lo pude vivir

Pero ella no estaba ahí

Y yo que no en vano solía escribir

Maldecid sus sueños

Le desee un sol para que la acaricie

Alguien que la hiciera sonreír

Despertar que la convenciera

Para esperar el instante

Que le pude hacer sentir

En cada madrugada

En cada madrugada me calzo en tu recuerdo

Y me visto por tu amor

No se si lo que siento es pecado en devoción

De pretender tu inocencia

De mantenerte en mi imaginación

De querer seas una diosa predilecta

En el Olimpo de mi conciencia

Por admirar tu frágil delicadeza

Tú sincera forma de hablar

La pureza en tu mirada

La belleza de tu cara

Por tus entregas

Sin pretender a cambio mi experiencia

O simplemente un poema,

Como prueba de mi sincera admiración

La ofrenda de quien merece amar

Adrian   04/2007

Escribiré lo que quiero

He escrito versos y todos,

Con el afán de ser el mejor

Hoy escribo sin importar lo que quiero

No voy a imitar lo que he hecho

Voy solo hablar en tinta abierta

Lo que duele en silencio

Es con la palabra amor

Que apuntalo el cielo

No daré motivo a la carencia

Por el entendimiento de lo que poseo

Perdonare lo que esta por venir

De a pecho

Implantare el futuro que anhelo

En lo que va creciendo el universo

Creare los más nobles versos

Que Dios haya protegido

De nuestro intelecto

Adrian   05/2007

Estoy en la vida por algo

No es una noche en vela

No esta tan siquiera en diario

Es una noche de transparencia, apocas luces con estrellas

Pero no necesito la luz del alba para hacer la voz en lo alto

En esta noche profunda se puede escribir canción con sentido

Colgando los verbos en el espacio

Como mi amor en el vacio a diario

Y quiero saber en que parte del mundo yo habito

Para hacer mis versos más claros

Que predominen los diarios

Mandándole un mensaje al mundo

Estoy en la vida por algo

Filosofía en la vida

Cuando se viene de abajo,

En sostenido ritmo y profunda imaginación

Se despejan caminos que el pasado encerró

Y en tiempos sólidos la verdad se hizo hábito

Y fui siendo mejor

Admirar el mundo se convirtió en vocación

E imitar a los santos mi verdadera pasión

Aprendí de mendigos como de libros la oración

La felicidad tiene alas y predica imaginación

Y cuando topes el mundo

Tira anclas al prójimo,

Que el cielo es solo de religión

Y el mundo sigue siendo grande,

Si reparas detalles y admiras creación

Como gamas el arcoíris

Que en la tierra refleja el color

Piensa que el dinero da ventajas

Pero no compra el amor

Pretenderlo es el culto

Pero no la ambición

No es el nombre del juego,

Ni tampoco siempre existió

 Mejor repara en valores

Y que de importes se encargue tu Dios

Vive en lo intenso que de longevo

todo el mundo nació

La felicidad da derechos, para más

No tiene que ser para dos

Ella es perpetua y te invito a sentirla

No intentar salir a buscarla

Ni pensar la ocasión

Perdón si no he sido explicito

Es retenerla por siempre sin pensar que llego

Como otro tema antiguo es el amor

Que siempre también se pretende

Y no aparece al momento, si se busca de intención

Yo en este sentimiento prefiero usar la imaginación

Buscar subconsciente y no forzar la belleza

al mismo reflejo que dios

No pretender en cortejos lo que se sienta de corazón

Es más bien estar listo en la ocasión

Que anime la suerte en el amor

De familia y amigos yo te hablo poco

Es todo el mundo una gran reunión

De mi sangre es mi yo y yo como un dios

Esa es mi adoración

que todo el mundo en esta tierra sea su Dios

Perdón la extensión en realidad intente una prosa menor

Ojala todo el mundo encuentre a su yo,
mejor que a la iglesia, con su perdón

Que cada cual sea su propio dios

Firmado un día cualquiera en un futuro mejor

Adrian

HERENCIA PARA PAGAR

Ya no se lo que he dejado de escribir y de callar , si le debo a la vida y la verdad, por frases nuncas dichas o versos que lograr Deuda que en herencia compartida por si acaso voy a pagar ,testamento de mi ser al mundo voy a dejar y la otra mitad tampoco la voy a horrar ,lo que imagine en mis transcursos lo que pienso del mundo lo que conosco de Dios yo en el universo y cualquier otra abstracion voy a legar

Adrian

Hoy predico un verso triste

Hoy predico un verso triste

Por lo que fue mi amor

Por lo que fui yo

Y no hice

O por el beso que se perdió

En el andar del tiempo

De nuestra relación,

Por dejar enfriar sus labios

Y aprisionar pasión

Hoy predico sin desilusión

De recuerdos vividos

De cuando me entregue

Como nunca antes un hombre

Se entrego a una mujer

Imagen de un amor

Para que sofocar los deseos

Para que intentar un intento

Lo prohibido es causa perdida

Ni el mejor optimista lo va a salvar

Por que predico todo esto

Si en la belleza de lo imposible,

esta el imaginar

Y en una ilusión se equilibra la esperanza de amar

Solo es cuestión de decidirse a luchar hasta el amor

El dilema es que no todos queremos profundizar

Ni yo quiero ser nombrado mártir en la vida real

En mi fantasía prefiero ser héroe de mi sueño real

Por que no sentir de verdad un rose verbal

Sin esperar esperanza, al natural

Sentir pasión y deseo por la piel de mis deseos

Amarla en mi imaginación sin sofocar deseos

La perla perdida

En su abraso se siente el vacio ,

Sus besos son tristes,

Insípidos

Sin rosado

Yo me proyecto en el brillo de la luna'

Al océano,

Como buscando lo perdido en sentimientos,

Profundos en un tiempo de mar abierto,

Y amores estrechos y escondidos,

En vano como el brillo blanco;

De la perla encantada que se a perdido

⚑⚏☐⚧☞■

Las musas no salen con la lluvia

Una poesía por escribir

Y la lluvia mojando sobre el papel

Como si el tiempo tuviera paradas

Y yo sigo sin decir nada

Como del vacio cae la lluvia

Mi prosa esta al desnudo,

Muda y ni amor ni sentimiento

Me hace escribir con sentido

Solo el pulso de la mano mojada

Dirige este impulso de crear

Ni la imaginación se salva

Si es la llama, esta mojada

Parece ser
Que las musas no salen con la lluvia

Adrian   05/2007

Lo que quiero en lo que siento

No quiero saber más de mariposas que te asemejan;
de conchas de mar o fosforeras que no funcionan

De un amor sentido a detalles en lo que vale

No reclamo tu recuerdo de la imagen perfecta
de tu talle

De cuadros bien vendidos o bien pintados no es
el tema

Quiero olvidar la ocasión en que nos fuimos alejados
a otros lares

De tu dicha y tus amores ya no importa, no fue tarde

Lo que debo por lograrme fue de amor
el sentimiento que inspiraste

Ya no quiero imaginarte los detalles
que en la intimidad nos hizo grande

No he de rogar tan solo tu rostro en un cuadro
que lograste gravarme entre tus artes

Ya no espero que la vida nos converja,

en otro tiempo o dimensión del universo

Te deseo que te forjes el destino como amante

Que te aborde la felicidad a cada instante

Tan solo quiero encontrarte y mirarnos a los ojos
sin prejuicios sin hablarnos

Adrian 06/2007

Lo perfectamente creado

De lo que abarca el mundo
en materia estrictamente viva

o velocidad que alcanza
un sentimiento

Es solo conceptos
que se pierden en el tiempo

La relatividad es cosa divina

Pero no logra explicar el alma

Y el amor no circunda en el espacio

Este inunda el universo con palabras

Como el subsuelo, la nube que salpica

La arena que el mar le va arrastrando

El océano que el sol se le ilumina

Mi pensamiento al vuelo va a lo alto

Es entonces el humano

El elemento perfectamente vivo

Que persiste en lo creado

Adrian   05/2007

⬦✳♋♎◻️M ⬮■ ♦♦ ♋🐍♋

Te escribo con mi mejor anhelo

Que sientas lo que hace seis anos

Fue de madre ser tu día

Hoy madre en tu día

Te recuerdo lo que procreamos

Que no sabe decir felicidad

Y a todas horas dice Mama

Como recordarte que en cada día

Es un día de Mama para amar

Yo que en cuantas horas pretendo

Escribir lo que mereces

Espero lograr

Sin olvidar que primero se es mujer

Antes de ser Mama

Que deseo que sientas todos los días

Porque vivir, porque luchar

Mi más influyente felicidad

En tu día Mama

Mi hijo y mi alma

Hoy con tu ser que a cinco anos no pasas

Te imagino en tu sonrisa

Con tus ojos de pétalos de amor

Que abren y cierran la entrada

De mis recuerdos al azar

Cuando no te tenga tan cerca en tu mirada

Tu que en mi alma de padre te me has fundido

De cien maneras

Que imagino para siempre oír tu voz

En los momentos de tu furia y de tu calma

Yo rogaba ser tu andar

De tus travesuras que nunca me colmaron la paciencia

Y de hecho yo reía

En medio de la angustia que decían de la vida

Por creer en la inocencia innata

De la naturaleza de tu estatura

A ti que a mil besos por segundo no me alcanza

Y me agita la prisa con la edad que me sobrepasas

A retarme la dicha que te toca por herencia

De los anos compartidos

Hasta que me lleven a otra dimensión

Que en materia no te alcanza

A ti que por ahora te duele

Que no este cerca contigo

Estoy mas junto en ti

De lo que la imaginación alcanza

Adrian   06/2007

Mi mayor verbo

Se despejan montanas de nube

Sobre mi cabeza

Me invento un cuento

Salido de algún sueno a lo lejos

Pongo en vela los sentimientos

Que se quedan despiertos

Trato de ser real

En el personaje que invento

No preciso significar lo que creo

No hay interés de más

En lo que poseo

Ser sentimental y no odiar

Es lo que profeso

Amar es mi mayor verbo

Y el verbo es mi deseo

Al universo

Adrian   05/2007

Mima en tu día soy por ti

Con no más de siete pétalos

Hoy de mí por regalo tuvieras esa flor

Pero he de preferir con solo recordarte

Miles de sentimientos

Que comparto para ti

Que valen por todas las flores
de los campos y jardines

Que tampoco alcanzan 43 primaveras para colmarte

Lo que vale tu maternidad hacia mí

A cambio de ningún otro gesto materializado

Hoy como en el resto de 364 días mas en cada ano

Soy por ti

Estoy alineado en tu vida

A solo un ladrillo de balcón por abrazar

Aun convirtiendo por habilidad los sentimientos

Que te expreso en este verso como único regalo

En tu día

Y mi verso estuviera mal logrado

Estarías por mí

Pero a ti que te quiero cada día

Como día de las madres

Solo me resta seguir siendo por ti

Adrian   05/12/2007

No he encontrado mi Dama

No la he podido encontrar

Será que el mundo la esconde

Y el cielo la encubre de maldad

Mi intención se llama amor

Y mi prosa es del verbo amar

Si apareciera y pudiera confiar

Que su existencia también fue crear

Que sin mi ella no puede colmar

De la vista admirar

El ocaso o el alba

O simplemente la tierra

Si es que esta o a debido morar

Si es que es una diosa

Le ruego bajar

Me corone una aurora

Me haga despertar

En el viejo Olimpo

O que aquí en este abismo

Se rebele como dama

Entregada al amar Adrian 05/2007

No para de llover

Una poesía sin escribir

Y la lluvia sigue cayendo,.
sobre el papel

Como si el tiempo hiciera paradas

Y yo sigo sin decir nada

Como del vacio en silencio cae la lluvia

Mi prosa se ha vuelto muda

Y ni amor ni sentimiento me hace escribir ;
con sentido

Ya nadie la salva

Solo el pulso de la mano mojada,

Sin sentido

Dirige este latir de crear y plasmar

un verso libre

Pues la imaginación, no cuenta
esta frisada

Y sin intención de hacerse entender

No me dice nada

Como esperando que pare de llover

Sin maltratar el verso

No voy a maltratar el verso

Ni hacer pecar la oración

No matare la palabra de dios

Mi verdad la ampara lo eterno

Y ni torpe ni grotesco

 me impongo yo

A repartir remedios

Es mi íntimo fuero lo que profeso

Aquel que le cubre el deseo

 Le Sugiero lo inmenso

Y le muto el desconocimiento

Con caravanas de versos

Que lo que toque sea silencio

Y no decido lo que pienso

Solo compongo de lo que aprendo

Sin imitar lo perfecto

Escribo sin maltratar el verso

Adrian   05/2007

No voy a persistir en que me ames

No voy a persistir en que me ames

Ni cambiar las flores de la cama

Lo incondicional esta en los detalles

De la nada se ocurren los milagros

En el tiempo se deshacen las verdades

Y los recuerdos no se cambian
ni se callan

Lo llorado es pasado ya secado
de lágrimas inocentes sin pecado

Lo vivido esta contado por las hadas

El sol es el mismo de antaño
que nos vio amarnos de temprano

Los sentimientos han mutado latitudes
para el lado

El universo se esta moviendo
y yo parado

Deseando de ser imprescindible

No voy a persistir en que me ames

Adrian   06/2007

de

De

Oh señor en que mundo he nacido

Que al sufrir le dicen estar viviendo

Donde la ambición dejo de ser felicidad

Y el amor se convirtió en la codicia de posesión

Oh señor acaso se troco tu reino de infierno

Y la tierra debiera ser el cielo

Con todo el amor

Oh señor si acaso pudiera creer en tu furia

No te pudiera desafiar

Aun pretendiéndolo no te puedo culpar

Prefiero pensar en la bondad de los hombres

Los que se dan al pensar

Oh señor que le falto a tu palabra

Que nunca pude creer

Y me han condenado a vivir sin los santos

Ni oración en misa que puedan ofrendar

Oh señor en que tiempo absurdo he tenido que crecer

Al menos déjame morir en lo eterno

Y prometo rezarte en secreto   Adrian   05/13/2007

Para que se recen mis versos

Voy a colmar la eternidad con mis versos

De versos escritos con pinceles de pétalos

Para trasmitir el instinto de crear

Que estén bien escritos

En una esquina del cielo

Voy a cargar el amor como amuleto

Para exhibirlo a todo pecho

Y repartirlo con creses

Que sobre al universo

Voy a imaginar que todo lo que pienso es cierto

Que el mundo alcanzara su mejor momento

Para que a coro se recen mis versos

Adrian   06/2007

Pasión y deseo

Pasión y deseo superan amor

Sentimiento e instinto salvaje

Mi manifiesto

En tu piel delicada

Donde no llego

Me invento

Para hacerte sentir

Lo que procuro

Que te guardas a dentro

Estrategia de pasión y deseo

En lo que siento

Espero tu amor lograrte

Atravesando tu alma con versos

Incinerando el orgullo

A besos

Que te quedes sumida en mi pecho

Abrasando la fuerza capas

De pasión y deseo

Pensamientos que se me adentran

En lo que se adentran tus pensamientos

Te voy pretendiendo tu mejor valor

Hasta que me adapto a tu sonrisa

Y en la avaricia de no quererte compartir

Pretendo lo que eres

En los sueños de un duende

Que aun le late el amor

Aquel que repite historias

Del que hace porvenir

Y alumbra los rincones del alma

Al ser que se adentra

En campo verde de esperanza

En un espacio de escenario azul

Consiente del camino cansado

Que no quedo sin porvenir

Tu eres el desafío que se repite en mis sueños

El disturbio que se me adentran tus pensamientos

Adrian   05/13/2007

PENSANDO EN MI BALCON

Pensando en mi balcón

Que solo asoma un cuarto al universo

Que mi imaginación alcanza el resto

En el espacio de solo cuatro pasos soy de hecho

Hasta el punto que amanezco

Sonando ideales de lo inmenso

Que es deseo lo que vale el intento

De lograr sentir, amor , crear y hacer progreso

Con pretexto actuó y sigo en lo que creo

Cambiar al mundo a segundo en lo que puedo

Viviendo en lo que pienso en delirio todo el tiempo

Con prosa trato el equilibrio de los versos

En extensión lo que circunda este hemisferio

También he compartido mi balcón en mis desvelos

De ayudar el mundo compartiendo el resto

Desde tan solo mi espacio de cuatro pasos todo esto

Ojala que el futuro de mis versos sigan siendo

En cualquier mundo no desechos

Si no materia viva que de energía a nuestro universo

✦⚱□✳☙■

Pinta blanco el porvenir

Figura rosa pinta el porvenir

Cubierto en manto blanco

Por vivir

De las historias que te convence

De la esperanza que te trasmito

En mi verso que dirijo

Y tú sigues a ti

Como propongo

Ser por fin

Dejando actuar libre el instinto

Que nos traza camino

Y guía las musas por algún fin

De camino extraviado

Que se alinea con estrellas

Dejando huellas en el espacio

Y yo por ti

Cubriéndote de blanco

Tu porvenir

Adrian   05/2007

Por el Olimpo

De súbito el suelo se hizo rojo

Pareciese sangre de toro en Olimpiada

Y yo dando gracias

Que mi copa de vino no se había roto

Y yo pensando

Que era por honor que le debía a vaco

Y yo había olvidado

A consagrar mis dioses

Y yo rogando

Que por amor he rezado hasta Cupido

Y yo no sangro

Por los Dioses de un Olimpo

Adrian   05/2007

Que hace crecer el amor

Cual es esa figura que despejo el espacio

Del eterno abismo universal

Donde se esconde el filo del sol

Aquel sentimiento oculto que se le escapa al amor

De que aire se abastece un suspiro cuando nos late el dolor

No es en primavera que falta la flor

No es en verano el alba mejor

Que es vivir sin la lluvia que fertiliza el alma

Que hace crecer el amor

Que pensar

Pienso en que pensar puedo estar

Influir al imaginar

De morar habitando el tiempo

De vivir y morir al natural

Sin credo

Ni culto

Ni encomienda en que apoyar

Con un poco de filosofía mía

Y ligera creencia aprendida

De la vida al andar

Como al instinto de la imaginación

Me hace creer y sentir energía

En la materia

En el espíritu

En lo que crese

En lo que vibra

Fluyendo ideas que prometen futuro

De los pensamientos unísonos

En armonía

Como universo de solo un sol

Y humanidad pensando lo mismo

Que pensar? Adrian   05/2007

Reclamo

Que he dejado de amar en esta vida

A que ser yo he maldecido

Dime sino porque tengo que pagar,

El precio de la incertidumbre

Yo quiero cumplir mi legado,

Aun a pesar de la vida que tenga que pagar

Pero Dios no me equilibres más

Pon me a un lado que yo comprenda

Que yo sepa porque y quien actuar

No me intentes a ser santo si me tientas a pecar

No pretendo un manuscrito de instrucciones

Para entender tu universo

Solo enciende la luz de mis capacidades

Para poder lograr entender al mundo

✂♎☐♓☺■   ☐▤✍📄☐☐📠

Rosas azules

Ya mi jardín no da flores ni en primaveras

Me lo han contaminado de tanta envidia

Eran las rosas azules lo que no resistían

Eran moradores que no entendían

Que la jardinería era de hombres

Que de fragancia colme el espacio

Espacio que compartía

Con el silencio y las abejas

Estas que fecundaban mis flores

Que las hacían tan dulces

Mis flores de azul turquesa

Que ya no florecen

Porque una me dijo

Que eran de otro planeta

Que de el sol se nutria su belleza

Y el amor sostenía su fuerza

Adrian   05/31/2007

Significado de silencio

Se que las palabras sin decir

Suelen matar la ilusión

O simplemente no significar

Sin tener que desafiar

Aun atravesando transcursos

La poesía es un golpe de amor

No hace falta gran proeza

Ni recitarla en escenarios

Solo vivirla en el momento

Sentir lo que se ha acumulado

Entre verbos de felicidad

Solo entonces el silencio,

Alcanza lograr significado

Adrian   05/15/2007

Solo creo en lo que pienso

Ya no estoy dispuesto a creer de lo que el verso viejo he heredado

De pacientes tiempos de harapos

Ya no estoy de acuerdo en lo que un viento trajo y tenga que aceptar un trago amargo

La oleada de murmurios en los altos del campanario no son más que los viejos chismes de barrio

Ya no estoy muy viejo para aceptar condiciones a las faldas de beso húmedo en mi regazo

Ya no estoy para ocasión que cuadra el silencio entre muros abiertos de encerrado secreto de oídos mudos

Ya no soy quién le convino lo que fui en el andar de un pasado, soy el presente que le convengo al que es de mi lado

Ahora comulgo con un tiempo que demuestra exacto los viejos pasados que quedaron al descubierto

Después de mi vida el testamento, después de la muerte el silencio del legado o el escrito de mi vida a retraso

Además en lo que dejo, mi descendencia y los libros que están por lograrse en la era del optimismo

Por ahora elevo el ego y mi alma lo suficiente para creer tan solo en lo que pienso

que es lo que sube del suelo y cae del cielo en cuatro estaciones o en todo mi tiempo

Adrian   05/31/2007

Tu tiempo expiro

Cuando tu tiempo expiro

En un amanecer o tu ocaso

La vida en un relámpago,

Te pareció

De bella o absurda,

Te paso

En los espacios que marcaste

Te siguió

El instinto de ser,

Te transcurrió

Lo importante que viviste,

Te lograste

Reparaste el detalle de la naturaleza

Te elevaste

Creaste en un instante imaginación,

Te perduraste

Dejaste acumular recuerdos,

Te quedaste

No te has ido

Y tu tiempo expiro   Adrian   2007

Tú y yo

Yo no naci para decir adiós,

Porque siempre en mí tendrás de alianza el corazón

Yo no naci para decir que no,

En mi tu siempre encontraras respuesta o refugio a tu opinión

Yo no naci para negar amor

Yo no naci en vano en esta vida

Yo no entendí lo que se perdió,

Porque quizás nunca lo tuve o no fue hecho para mi

Yo estoy para darte la razón aunque no la tengas y te contradigas

Tú eres mi mejor información cuando trasmites la franqueza en toda vía

Tu eres lo que siempre quise ser, cuando dices lo que amas y se sabe no es mentira

Tú eres más de mi que yo de mi alma colgada en cuerda fina

Tu eres tu, cubierto de esperanza empeñado en la erigía

Yo soy quien quita el velo en lo que cantas a las niñas

Tú te asomas a mi prado y te sientes en confianza con mi sonrisa

Yo expongo como imagen lo que imito de tu orgullo

Tú te vas y te regresas de tu audiencia, que no imita lo que le predican

Yo me quedo para oírte y aprendo de tu lirica

Tu das versos de esperanza de por vida

Yo lamento que no influyas sociedades de alma frígida

Tu para siempre en tu legado, ya lo hiciste, como fuente de alegría

Yo que empiezo a lidiarme con la prosa en otro intento de no ser victima de los parcos o la codicia

Tu acaparaste todo el publico y te salvaste no cambiaste tu alma por fortuna

Yo suspiro en versos clamando llegue a ti, mi canto sin sonido y le compongas de tu música

Tu y yo estamos hecho de común sentido compartido y a toda prisa;

de conciencia limpia e inocencia bendita de los sueños puros

De morir por lo que de convicción sentimos y nacer con cada sol hasta el ocaso en los confines de lo justo

De entregar sin recibir lo que al mundo le precisa o a otros le deliran

De crear, cultivar y hacer la dicha a todo color en todo jardín hasta dar forma a una silueta femenina

Tu y yo estamos hechos a semejanza de dioses de la vida

Yo a ti te rezo o mejor dicho me comulgo en lo que cantas

✒︎♎︎❒︎⌘︎♏︎■︎   ▢︎🕮︎⬥︎▤︎▢︎▢︎⌨︎

NOTA: Este poema fue inspirado en las canciones de Alejandro Sanz

Un día como hoy

De que silente manera el día encontró la flor

No en los planetas de pétalos

Simplemente en una reunión de madres

Que el sol abraso

Donde solo la amistad se ofreció

Como siempre a la razón

La esperanza de amor se antojo

Cuando ella de diosa presumida

En su dimensión se oculto

Y yo para esperar de su voz

La señal del enigma

Solo de su silencio mi imaginación

Se precipitó

A pensar de la acción al amor

De lo erótico de humano

Que me quedo

En cual relación

De contactos eludidos

No se dio

Yo por amar no he pecado

Mientras la verdad justifica la acción

Yo sigo sosteniendo en mi mano la flor
que me reivindico Adrian 05/13/2007

Una definición de amar

Nombrar el amor es imaginar

El ser desnudo en las pupilas

Con la claridad del sol
atravesando las palabras

Que le cuelgan al espacio

Sin dejar de ser silencio

Que llega a la piel de los sentidos

Amar es dejar que el instinto

Absorba la energía que el amante emana

Mutar el corazón con alas de pavor

Amor es simplemente tu ser

Vestido al desnudo con mi piel

Y tu piel como la manta de miel

Que cubre mi cuerpo

Amor es el ser creador

Que no depara detalles en hacer crecer

Amar es no tener que decir amor

Adrian   05/13/2007

VOY A HECHAR MIS VERSO AL AIRE

Voy a echar mis versos al aire

Verso que solo he compartido

Con copas de vino

Que se acaban de los vinales

Con la surfita que me ha de matar

Como esperanza que vuela al trino

Dejando los besos solos, tendidos

al vacio sin haberse humedecidos

De amor que se nombra madre

Por descuido del tierno mimo

Que se perdió y no esta escrito

De rayos que calentaron

El temperamento de andar

Con las banderas de guerra

A cambio de un rayo de libertad

Y sueno de luz

Que le hace camino al porvenir

Y si mi verso se encuentra otros oídos

Allá en lo universal

Que el espacio tenga eco

Al imaginar

Pues ya la tierra tiene ser y estar

En la expresión del significado

Por no querer hablar

Por decir lo que esta hablado

Sin pensar

Donde la voz desde un cometa,

No logre asechar

Otras moléculas que no se pueden alcanzar

Entonces

Voy a echar mi verso al aire

Vuelo de imaginación

Bajo cielo sereno

De apuntalados pinos

Y edificios en alumbrado

Se teje oración de poema

Inspirado en pájaros despierto

Bajo circulo de cielo

No estrellado

Solo abierto

Sensación que percibe mi imaginación

En jaulas de aves

Que mimo con mis cuidados

Donde mis ideas vuelan

Junto a cualquier espacio

Que vuelen mis pájaros

De trino libre

Como mi verso de plumaje colorido

Adrian   05/2007